The Secret of the Lost Key: Bilingual Dutch-English Short Stories

Coledown Bilingual Books

Published by Coledown Bilingual Books, 2023.

THE SECRET OF THE LOST KEY: BILINGUAL DUTCH-ENGLISH SHORT STORIES

First edition. October 15, 2023.

ISBN: 979-8215755013

Written by Coledown Bilingual Books.

Table of Contents

De Kleine Kat die Verdwaalde

Er was eens een kleine kat genaamd Miauwie. Ze woonde in een gezellig huis met haar baasje, Lisa. Miauwie was een speelse en nieuwsgierige kat. Ze hield ervan om door de tuin te rennen en de vogels te bespieden. Op een mooie lenteochtend, terwijl de zon aan de hemel straalde, besloot Miauwie om op avontuur te gaan.

Miauwie glipte stilletjes uit het huis en begon aan haar reis. Ze wandelde door het groene gras en rende achter vlinders aan. Onderweg ontmoette ze een vriendelijke hond, Max. Max was groot en vriendelijk, en hij wilde graag met Miauwie spelen. Ze speelden verstoppertje en Miauwie genoot van Max' gezelschap.

Toen de zon hoger aan de hemel stond, besefte Miauwie dat ze verder moest gaan met haar avontuur. Ze gaf Max een likje als dank en ging verder op pad. Ze wandelde langs een kabbelende beek en hoorde kikkers kwaken. Miauwie was gefascineerd door de glinsterende vissen in het water.

Plotseling hoorde Miauwie een vreemd geluid. Het was een zacht gepiep, net als dat van een muis. Ze volgde het geluid en vond een kleine muis die vastzat in een kuil. Miauwie twijfelde niet en sprong in de kuil om de muis te redden. Met haar zachte pootjes hielp ze de muis om eruit te klimmen. De muis was dolblij en bedankte Miauwie met een knikje.

Samen gingen Miauwie en de muis verder op hun avontuur. Ze kwamen bij een prachtig bos. De bomen reikten hoog in de lucht en de bladeren ritselden in de wind. Miauwie klom in een boom en keek uit over het bos. Ze voelde zich als een echte avonturier.

Toen Miauwie en de muis dieper het bos in liepen, hoorden ze vrolijke liedjes. Het waren de vogels die zongen in de bomen. Miauwie keek omhoog en glimlachte naar de vogels. Ze voelde zich één met de natuur.

Na een lange dag van avonturen, begon de zon langzaam onder te gaan. Miauwie en de muis realiseerden zich dat het tijd was om naar huis te gaan. Ze volgden het spoor van hun voetstappen en keerden terug naar het huis van Lisa.

Toen ze de deur openden, werd Lisa dolgelukkig om Miauwie weer te zien. Ze gaf Miauwie een dikke knuffel en bedankte haar voor haar avontuur. Miauwie begreep dat avonturen leuk waren, maar er ging niets boven thuis zijn bij haar geliefde baasje.

Die avond lag Miauwie in haar zachte bedje, tevreden en dromend van de spannende dag die ze had gehad. Ze wist dat ze altijd op avontuur kon gaan, maar dat ze ook altijd een warm huis had om naar terug te keren.

En zo eindigt het verhaal van Miauwie, de kleine kat die op avontuur ging en ontdekte dat thuis altijd de beste plek was. Miauwie en Lisa brachten vele gelukkige dagen samen door, genietend van elkaars gezelschap en avonturen in hun eigen achtertuin.

The Little Cat Who Wandered

Once upon a time, there was a little cat named Meowster. She lived in a cozy house with her owner, Lisa. Meowster was a playful and curious cat. She loved running through the garden and spying on the birds. On a beautiful spring morning, as the sun shone in the sky, Meowster decided to go on an adventure.

Meowster quietly slipped out of the house and began her journey. She strolled through the green grass and chased after butterflies. Along the way, she met a friendly dog, Max. Max was big and friendly, and he wanted to play with Meowster. They played hide and seek, and Meowster enjoyed Max's company.

As the sun rose higher in the sky, Meowster realized that she had to continue her adventure. She gave Max a lick in gratitude and continued on her way. She walked along a babbling brook and heard frogs croaking. Meowster was fascinated by the glistening fish in the water.

Suddenly, Meowster heard a strange sound. It was a soft squeak, just like that of a mouse. She followed the sound and found a small mouse trapped in a pit. Meowster didn't hesitate and jumped into the pit to rescue the mouse. With her gentle paws, she helped the mouse climb out. The mouse was overjoyed and thanked Meowster with a nod.

Together, Meowster and the mouse continued their adventure. They reached a beautiful forest. The trees stretched high into the sky, and the leaves rustled in the wind. Meowster climbed a tree and looked out over the forest. She felt like a true adventurer.

As Meowster and the mouse walked deeper into the forest, they heard joyful songs. It was the birds singing in the trees. Meowster looked up and smiled at the birds. She felt at one with nature.

After a long day of adventures, the sun slowly began to set. Meowster and the mouse realized it was time to go home. They followed their footsteps and returned to Lisa's house.

When they opened the door, Lisa was overjoyed to see Meowster again. She gave Meowster a big hug and thanked her for her adventure. Meowster understood that adventures were fun, but there was nothing like being home with her beloved owner.

That evening, Meowster lay in her soft bed, content and dreaming of the exciting day she had had. She knew she could always go on an adventure, but she also had a warm home to return to.

And so ends the story of Meowster, the little cat who went on an adventure and discovered that home was always the best place. Meowster and Lisa spent many happy days together, enjoying each other's company and having adventures in their own backyard.

De Onverwachte Vondst van Willem en Jansje

Het was een rustige ochtend in het kleine dorpje waar Willem en Jansje woonden. De zon scheen zachtjes door de gordijnen van hun knusse huisje. Willem zat aan de keukentafel en staarde naar zijn kopje koffie. Hij wist niet goed wat hij moest doen vandaag. Jansje zat aan de andere kant van de tafel en keek naar haar breiwerk.

Willem en Jansje waren een gelukkig stel. Ze hadden geen kinderen, maar dat maakte hen niet uit. Ze hielden van hun rustige leventje in het dorp. Elke dag was hetzelfde en dat vonden ze fijn. Maar vandaag voelden ze zich een beetje anders. Ze verlangden naar iets nieuws en opwindends.

"Willem," zei Jansje terwijl ze haar breiwerk opzij legde, "zou je het leuk vinden om vandaag samen iets te gaan doen? Iets wat we nog nooit eerder hebben gedaan?"

Willem keek haar verbaasd aan. "Iets nieuws?" Hij krabde aan zijn grijze baard en dacht na. "Laten we eens naar het bos gaan. Daar zijn we al een tijdje niet geweest."

Jansje glimlachte. "Dat klinkt als een goed idee, Willem. Laten we onze lunchpakketjes maken en dan vertrekken we."

Ze maakten boterhammen met kaas en appels klaar, stopten ze in een mand en trokken hun jassen aan. Samen liepen ze het dorp uit en het bos in. De bomen waren hoog en de bladeren ritselden in de wind.

In het bos vonden ze een smal pad dat dieper het woud in leidde. Ze volgden het pad en genoten van de rust om hen heen. Plotseling hoorde Willem iets onder zijn voet kraken. Hij keek omlaag en zag iets glinsterends in de aarde.

"Hé, kijk eens, Jansje," riep Willem opgewonden. Hij hurkte neer en begon voorzichtig de aarde weg te schrapen. Daar, in de modder, vonden ze een oude, verroeste sleutel.

Jansje keek nieuwsgierig toe. "Wat zou deze sleutel openen, Willem?"

Willem haalde zijn schouders op. "Dat weet ik niet, Jansje, maar het is spannend, nietwaar? Laten we verder gaan en kijken of we iets vinden dat bij deze sleutel past."

Samen vervolgden ze hun wandeling door het bos, met de sleutel stevig in Willem's zak. Ze stopten om te lunchen en genoten van hun boterhammen en appels. Het was een mooie dag en ze waren blij dat ze samen op avontuur waren gegaan.

Na de lunch kwamen ze bij een oude, vervallen schuur. De deur van de schuur zat op slot en leek al jaren niet meer te zijn geopend. Willem voelde in zijn zak en haalde de sleutel tevoorschijn. Hij stak de sleutel in het slot en draaide hem voorzichtig om. Tot hun verbazing opende de deur zich met een krakend geluid.

Willem en Jansje gingen voorzichtig naar binnen en keken om zich heen. De schuur was donker en stoffig, maar ze konden iets glinsterends in een hoek zien liggen. Het was een oude kist.

Ze liepen naar de kist toe en openden hem. Binnenin vonden ze een schat aan oude spullen: zilveren munten, antieke sieraden, en zelfs een oude dagboek. Willem en Jansje keken elkaar met grote ogen aan. Ze konden hun geluk niet geloven.

"Dit is geweldig, Willem!" zei Jansje opgewonden. "Kun je je voorstellen wat voor verhalen deze spullen te vertellen hebben?"

Willem knikte. "Inderdaad, Jansje. We hebben onze eigen avontuurlijke schat gevonden, en het is zelfs beter dan iets nieuws en opwindends zoeken. Dit is de schat van herinneringen."

Ze verzamelden de spullen in hun mand en verlieten de schuur. Terug in het dorp deelden ze hun vondst met hun buren en vrienden, die allemaal geïntrigeerd waren door de schatten en de verhalen erachter. Willem en Jansje hadden niet alleen schatten gevonden, maar ook nieuwe vriendschappen gesmeed.

En zo eindigde de dag van Willem en Jansje, vol vreugde en avontuur. Ze ontdekten dat schatten niet altijd in verre landen te vinden zijn, maar soms gewoon in je eigen achtertuin, wachtend om ontdekt te worden.

Willem and Jansje's Unexpected Discovery

It was a peaceful morning in the small village where Willem and Jansje lived. The sun gently streamed through the curtains of their cozy cottage. Willem sat at the kitchen table, gazing at his cup of coffee. He didn't quite know what to do today. Jansje sat on the other side of the table, looking at her knitting.

Willem and Jansje were a happy couple. They had no children, but they didn't mind. They loved their quiet life in the village. Every day was the same, and they liked it that way. But today, they felt a little different. They longed for something new and exciting.

"Willem," Jansje said as she put her knitting aside, "would you like to do something together today? Something we've never done before?"

Willem looked at her in surprise. "Something new?" He scratched his gray beard and pondered. "Let's go to the forest. We haven't been there in a while."

Jansje smiled. "That sounds like a good idea, Willem. Let's prepare our lunch packs and then head out."

They made cheese sandwiches and packed apples, placed them in a basket, and put on their coats. Together, they left the village and entered the forest. The trees were tall, and the leaves rustled in the wind.

In the forest, they found a narrow path leading deeper into the woods. They followed the path and enjoyed the tranquility around them. Suddenly, Willem heard something crack beneath his foot. He looked down and saw something glimmering in the earth.

"Hey, look, Jansje," Willem exclaimed excitedly. He squatted down and started carefully scraping away the dirt. There, in the mud, they found an old, rusty key.

Jansje watched curiously. "What could this key open, Willem?"

Willem shrugged. "I don't know, Jansje, but it's exciting, isn't it? Let's keep going and see if we find something that matches this key."

They continued their walk through the forest, with the key securely in Willem's pocket. They stopped for lunch and enjoyed their sandwiches and apples. It was a beautiful day, and they were glad they had gone on this adventure together.

After lunch, they reached an old, dilapidated barn. The door of the barn was locked and seemed to have not been opened for years. Willem reached into his pocket and pulled out the key. He inserted the key into the lock and turned it carefully. To their surprise, the door creaked open.

Willem and Jansje entered cautiously and looked around. The barn was dark and dusty, but they could see something shiny in a corner. It was an old chest.

They walked over to the chest and opened it. Inside, they found a treasure trove of old items: silver coins, antique jewelry, and even an old diary. Willem and Jansje looked at each other with wide eyes. They couldn't believe their luck.

"This is amazing, Willem!" Jansje exclaimed. "Can you imagine the stories these items have to tell?"

Willem nodded. "Indeed, Jansje. We've found our own adventurous treasure, and it's even better than searching for something new and exciting. This is the treasure of memories."

They collected the items in their basket and left the barn. Back in the village, they shared their discovery with their neighbors and friends, who were all intrigued by the treasures and the stories behind them. Willem and Jansje not only found treasures but also forged new friendships.

And so, Willem and Jansje's day ended with joy and adventure. They discovered that treasures aren't always found in distant lands but sometimes right in your own backyard, waiting to be uncovered.

Het Geheim van de Verloren Sleutel

Het was een prachtige zomerdag in het slaperige dorpje De Bloemenvallei. In het hart van het dorp woonde een vriendelijke oude dame genaamd Mevrouw Klaver. Mevrouw Klaver was al jarenlang een vast onderdeel van het dorp, en haar huis stond vol met kleurrijke bloemen en boeken.

Op een warme ochtend zat Mevrouw Klaver op haar veranda en genoot van een kopje thee. Ze was een beetje bezorgd omdat ze haar sleutelbos nergens kon vinden. Haar sleutels waren altijd aan een oude, zilveren sleutelhanger bevestigd die ze van haar grootmoeder had geërfd. Ze betekenden veel voor haar.

Mevrouw Klaver dacht diep na en herinnerde zich dat ze gisteravond een wandeling had gemaakt door het dorp. Ze stond op en besloot om terug te gaan naar de plekken waar ze geweest was, in de hoop haar sleutels terug te vinden.

Haar eerste stop was bij de prachtige bloementuin die ze elke ochtend bezocht. Ze doorzocht de bloemen en struiken, maar vond niets. Daarna ging ze naar het dorpsplein, waar ze vaak kletste met de buurtkinderen. Helaas, haar sleutels waren nergens te bekennen.

Ze vervolgde haar zoektocht naar het dorpshuis, waar ze haar vrienden ontmoette voor thee en verhalen. Ze doorzocht de gezellige kamers en vroeg rond, maar niemand had haar sleutels gezien.

Teleurgesteld keerde Mevrouw Klaver terug naar haar huis. Ze voelde zich verdrietig en ongerust. De sleutels waren niet alleen belangrijk voor het openen van deuren, maar ze hadden ook emotionele waarde voor haar.

Die avond zat Mevrouw Klaver in haar favoriete stoel bij het raam en staarde naar buiten. De maan verlichtte de Bloemenvallei, en de straten waren stil. Ze dacht na over de mooie momenten die ze met haar grootmoeder had gedeeld en hoe de sleutelhanger haar altijd deed denken aan die kostbare herinneringen.

Toen hoorde ze buiten een zacht geluid, alsof er iets ritselde in de tuin. Ze stond op en ging voorzichtig naar buiten om te zien wat er aan de hand was. In het maanlicht zag ze een klein wezentje dat over de bloemperken trippelde.

Het was een elfje, niet groter dan een handpalm, met glinsterende vleugels en een twinkelende glimlach. Het elfje keek naar Mevrouw Klaver met grote ogen en zei: "Goedenavond, Mevrouw Klaver. Ik heb uw sleutels gevonden."

Mevrouw Klaver kon haar ogen niet geloven. "U hebt mijn sleutels gevonden? Hoe bent u daaraan gekomen?"

Het elfje glimlachte opnieuw en vertelde haar dat het elfendorpje vlakbij De Bloemenvallei was en dat ze de sleutels had gevonden tijdens haar nachtelijke wandelingen. Ze had de sleutels bewaard omdat ze had gezien hoeveel ze voor Mevrouw Klaver betekenden.

Mevrouw Klaver was ontroerd door de vriendelijkheid van het elfje. Ze dankte het elfje en vroeg hoe ze haar kon bedanken.

Het elfje glimlachte opnieuw en zei dat ze niets hoefde. Ze was blij om te helpen en wilde alleen dat Mevrouw Klaver wist dat er altijd wonderen in de wereld waren, zelfs in de eenvoudigste dingen.

Mevrouw Klaver ging terug naar haar huis met haar sleutels en een blij hart. Ze realiseerde zich dat ze een vriend in het elfje had gevonden en dat er altijd ruimte was voor magie en vriendelijkheid in de wereld.

De volgende ochtend begon Mevrouw Klaver haar dag met een lach. Ze verzorgde haar bloemen met extra liefde en nodigde de buurtkinderen uit voor thee en verhalen. Ze vertelde hen over het vriendelijke elfje en de magische vondst van haar sleutels.

Het dorpje De Bloemenvallei werd een nog vrolijkere plek, gevuld met lachende kinderen en bloeiende bloemen. Mevrouw Klaver begreep dat de eenvoudige dingen in het leven, zoals vriendschap en vriendelijkheid, de grootste schatten waren.

En zo eindigt het verhaal van Mevrouw Klaver en het elfje, een verhaal van verloren en teruggevonden schatten en de betekenis van vriendelijkheid in onze wereld.

The Secret of the Lost Key

It was a beautiful summer day in the sleepy village of Flower Valley. In the heart of the village lived a kind old lady named Mrs. Clover. Mrs. Clover had been a part of the village for many years, and her house was filled with colorful flowers and books.

On a warm morning, Mrs. Clover sat on her porch, enjoying a cup of tea. She was a bit worried because she couldn't find her set of keys. Her keys were always attached to an old silver keychain that she had inherited from her grandmother. They meant a lot to her.

Mrs. Clover thought deeply and remembered that she had taken a walk through the village last night. She stood up and decided to retrace her steps in the hopes of finding her keys.

Her first stop was the beautiful flower garden that she visited every morning. She searched through the flowers and bushes, but found nothing. Next, she went to the village square, where she often chatted with the neighborhood children. Unfortunately, her keys were nowhere to be seen.

She continued her search to the village hall, where she met her friends for tea and stories. She combed through the cozy rooms and inquired, but no one had seen her keys.

Disappointed, Mrs. Clover returned to her house. She felt sad and worried. The keys weren't only important for opening doors, but they also held emotional value for her.

That evening, Mrs. Clover sat in her favorite chair by the window, gazing outside. The moon illuminated Flower Valley, and the streets were quiet. She thought about the precious moments she had shared with her grandmother and how the keychain always reminded her of those cherished memories.

Then, she heard a soft sound outside, as if something were rustling in the garden. She got up and cautiously went outside to see what was happening. In the moonlight, she saw a tiny creature tiptoeing through the flower beds.

It was a fairy, no bigger than the palm of a hand, with shimmering wings and a twinkling smile. The fairy looked at Mrs. Clover with big eyes and said, "Good evening, Mrs. Clover. I have found your keys."

Mrs. Clover couldn't believe her eyes. "You've found my keys? How did you get them?"

The fairy smiled again and told her that the fairy village was nearby Flower Valley, and she had found the keys during her nightly walks. She had kept the keys because she saw how much they meant to Mrs. Clover.

Mrs. Clover was touched by the kindness of the fairy. She thanked the fairy and asked how she could repay her.

The fairy smiled once more and said that she didn't need anything. She was happy to help and only wanted Mrs. Clover to know that there were always wonders in the world, even in the simplest things.

Mrs. Clover returned to her house with her keys and a happy heart. She realized that she had found a friend in the fairy and that there was always room for magic and kindness in the world.

The next morning, Mrs. Clover started her day with a smile. She tended to her flowers with extra love and invited the neighborhood children for tea and stories. She told them about the friendly fairy and the magical discovery of her keys.

The village of Flower Valley became an even happier place, filled with laughing children and blooming flowers. Mrs. Clover understood that simple things in life, such as friendship and kindness, were the greatest treasures.

And so, the story of Mrs. Clover and the fairy comes to an end, a tale of lost and found treasures and the meaning of kindness in our world.

De Avonturen van Piet en Mia de Kat

Piet was een vriendelijke man die in een klein dorp woonde, omringd door weelderige velden en glooiende heuvels. Hij was gelukkig, maar soms voelde hij zich een beetje eenzaam. Op een dag hoorde hij een zacht gemiauw bij zijn voordeur.

Hij opende de deur en daar stond een kleine kat. De kat had glanzende, groene ogen en een zachte, grijze vacht. Ze leek verdwaald en hongerig. Piet pakte wat melk en een schoteltje en zette het voor de kat neer. De kat dronk gulzig en keek Piet dankbaar aan.

Piet besloot de kat te adopteren en noemde haar Mia. Mia werd al snel zijn beste vriend. Ze deelden vele gelukkige momenten samen. Piet vertelde Mia verhalen over het dorp, en Mia luisterde aandachtig terwijl ze naast hem op de bank lag.

Op een mooie zomerdag besloot Piet om met Mia op avontuur te gaan. Ze pakten een picknickmand met broodjes en appels en gingen naar het nabijgelegen bos. Ze wandelden over bospaden en genoten van de frisse lucht.

Terwijl ze door het bos liepen, hoorden ze vrolijke vogelgezang. Mia keek omhoog naar de bomen en miauwde vrolijk. Piet glimlachte en genoot van haar gezelschap.

Onderweg kwamen ze een oude brug tegen die over een kabbelende beek liep. Ze stopten om naar het water te kijken en zagen vissen zwemmen. Mia sloeg met haar pootje in het water en keek gefascineerd naar de rimpelingen die ontstonden.

Na een lange wandeling vonden ze een open plek in het bos met een prachtig uitzicht over de vallei. Ze spreidden een deken uit en genoten van hun picknick. Terwijl Piet at, deelde hij stukjes brood met Mia, die er dol op was.

Na de picknick vonden ze een veld vol wilde bloemen. Mia rende vrolijk tussen de bloemen en speelde met vlinders. Piet lachte terwijl hij naar haar keek en dacht bij zichzelf hoe gelukkig hij was met Mia aan zijn zijde.

Toen de zon begon te zakken, besloten ze terug te keren naar huis. Ze liepen hand in poot terug naar het dorp, moe maar voldaan na een dag vol avontuur.

Piet en Mia brachten vele jaren samen door. Ze waren onafscheidelijk en genoten van elkaars gezelschap. Hun avonturen brachten hen dichter bij elkaar, en ze wisten dat ze de beste vrienden waren.

En zo eindigt het verhaal van Piet en Mia de Kat, een verhaal van vriendschap, avontuur en de vreugde van het delen van het leven met een trouwe metgezel.

The Adventures of Piet and Mia the Cat

Piet was a kind man who lived in a small village surrounded by lush fields and rolling hills. He was happy, but sometimes he felt a bit lonely. One day, he heard a soft meow at his front door.

He opened the door, and there stood a small cat. The cat had shiny green eyes and a soft gray fur. She seemed lost and hungry. Piet got some milk and a saucer and placed it in front of the cat. The cat drank eagerly and looked at Piet gratefully.

Piet decided to adopt the cat and named her Mia. Mia quickly became his best friend. They shared many happy moments together. Piet told Mia stories about the village, and Mia listened attentively while lying next to him on the couch.

One beautiful summer day, Piet decided to go on an adventure with Mia. They packed a picnic basket with sandwiches and apples and headed to the nearby forest. They walked along forest paths and enjoyed the fresh air.

As they strolled through the forest, they heard cheerful birdsong. Mia looked up at the trees and meowed happily. Piet smiled and enjoyed her company.

On their way, they came across an old bridge that spanned a babbling brook. They stopped to watch the water and saw fish swimming. Mia playfully batted at the water with her paw and watched with fascination as ripples formed.

After a long walk, they found a clearing in the forest with a beautiful view of the valley. They spread out a blanket and enjoyed their picnic. While Piet ate, he shared bits of bread with Mia, who loved it.

After the picnic, they discovered a field of wildflowers. Mia happily ran through the flowers and played with butterflies. Piet laughed as he watched her, thinking to himself how happy he was with Mia by his side.

As the sun began to set, they decided to head back home. They walked hand in paw back to the village, tired but content after a day full of adventure.

Piet and Mia spent many years together. They were inseparable and enjoyed each other's company. Their adventures brought them closer, and they knew they were the best of friends.

And so ends the story of Piet and Mia the Cat, a tale of friendship, adventure, and the joy of sharing life with a faithful companion.

Een Dag in het Park

Op een stralende zomerochtend werd Lisa wakker met een brede glimlach op haar gezicht. De zon scheen door het raam en de vogels floten vrolijk. Ze wist dat het een perfecte dag zou worden voor een uitstapje naar het park.

Lisa was een jong meisje van zeven jaar oud. Ze had lang, donker haar en ogen die fonkelden van opwinding. Ze rende naar beneden om haar moeder te begroeten, die al bezig was met het maken van een picknickmand vol lekkernijen.

"Goedemorgen, mam!" riep Lisa enthousiast.

Haar moeder glimlachte en knikte. "Goedemorgen, lieverd. Vandaag gaan we naar het park voor een leuke dag samen."

Lisa kon haar geluk niet op. Ze hielp haar moeder met het inpakken van de mand en zorgde ervoor dat ze alles hadden: broodjes, fruit, koekjes en een fles vers geperst sinaasappelsap.

Samen liepen ze naar het park, dat op slechts een paar straten afstand lag. Het park was groot en groen, met bomen die hun schaduw over het gras wierpen. Er waren speeltuinen, picknicktafels en zelfs een vijver waar eenden zwommen.

Lisa en haar moeder vonden een mooie plek onder een grote eikenboom. Ze spreidden een deken uit op het gras en begonnen aan hun picknick. Lisa proefde een hap van een sappige appel en lachte van plezier. Haar moeder vertelde haar verhalen over toen zij zelf een kind was en ook picknicks in het park had.

Na de picknick besloot Lisa om op ontdekking te gaan. Ze rende naar de speeltuin en klom op de glijbaan. Haar moeder keek glimlachend toe terwijl ze heen en weer schoof en plezier maakte met andere kinderen.

Toen Lisa moe was van het spelen, keerde ze terug naar haar moeder. Samen liepen ze naar de vijver en voerden de eenden stukjes brood. Lisa vond het geweldig om de eenden te zien kwaken en naar het brood te happen. Ze lachte en gooide nog een stukje.

Na een tijdje besloot Lisa om op ontdekking te gaan in het park. Ze liep over de kronkelende paden, genoot van de geur van bloemen en luisterde naar het getjilp van de vogels in de bomen. Ze vond een klein beekje en stak voorzichtig haar hand in het koele water. Het voelde verfrissend aan op deze warme dag.

Terwijl ze langs het beekje wandelde, ontdekte Lisa iets bijzonders. Ze zag een vlinder met de meest prachtige kleuren die ze ooit had gezien. De vlinder fladderde vrolijk rond en landde uiteindelijk op Lisa's hand. Ze glimlachte en keek verwonderd naar het kleine wonder dat de natuur haar had geschonken.

"Kijk, mam!" riep Lisa opgewonden. "Een prachtige vlinder!"

Haar moeder kwam naar haar toe en bewonderde de vlinder. "Wat een mooie vondst, lieverd. De natuur zit vol met wonderen."

Lisa liet de vlinder voorzichtig los en keerde terug naar de picknickplek. Ze begon te vertellen over haar avontuur in het park en over de vlinder die haar had bezocht.

Na een heerlijke dag in het park was het tijd om naar huis te gaan. Lisa en haar moeder pakten hun spullen in en begonnen aan de wandeling terug naar huis. Ze waren moe maar gelukkig, wetende dat ze samen een geweldige dag hadden gehad.

Thuisgekomen, deelde Lisa haar avonturen met haar vader en vertelde ze hem over de prachtige vlinder die ze had gezien. Haar vader glimlachte en knikte goedkeurend.

's Avonds, terwijl Lisa in bed lag en naar de sterren keek, dacht ze aan de mooie dag die ze had gehad. Ze voelde zich dankbaar voor haar liefhebbende ouders en de momenten die ze samen hadden gedeeld.

En zo eindigt het verhaal van Lisa's dag in het park, een dag vol avontuur, gelach en de schoonheid van de natuur. Het was een dag die ze voor altijd in haar hart zou koesteren.

A Day in the Park

On a bright summer morning, Lisa woke up with a wide smile on her face. The sun was streaming through the window, and the birds were singing cheerfully. She knew it was going to be a perfect day for a trip to the park.

Lisa was a seven-year-old girl with long, dark hair and eyes that sparkled with excitement. She ran downstairs to greet her mother, who was already busy preparing a picnic basket filled with treats.

"Good morning, Mom!" Lisa exclaimed with enthusiasm.

Her mother smiled and nodded. "Good morning, dear. Today, we're going to the park for a fun day together."

Lisa couldn't contain her excitement. She helped her mother pack the basket and made sure they had everything: sandwiches, fruit, cookies, and a bottle of freshly squeezed orange juice.

Together, they walked to the park, which was just a few streets away. The park was large and green, with trees casting their shade over the grass. There were playgrounds, picnic tables, and even a pond where ducks swam.

Lisa and her mother found a lovely spot under a big oak tree. They spread out a blanket on the grass and started their picnic. Lisa took a bite of a juicy apple and laughed with delight. Her mother told her stories about when she was a child and used to have picnics in the park.

After the picnic, Lisa decided to go on an adventure. She ran to the playground and climbed on the slide. Her mother watched with a smile as she slid back and forth, having fun with other children.

When Lisa got tired of playing, she returned to her mother. Together, they walked to the pond and fed the ducks bits of bread. Lisa loved watching the ducks quack and nibble on the bread. She laughed and tossed another piece.

After a while, Lisa decided to explore the park. She walked along winding paths, enjoyed the scent of flowers, and listened to the chirping of birds in the trees. She stumbled upon a small stream and dipped her hand into the cool water, feeling refreshed on this warm day.

While strolling along the stream, Lisa discovered something special. She spotted a butterfly with the most beautiful colors she had ever seen. The butterfly fluttered happily around and eventually landed on Lisa's hand. She smiled and gazed in wonder at the small marvel that nature had bestowed upon her.

"Look, Mom!" Lisa exclaimed with excitement. "A beautiful butterfly!"

Her mother came over to admire the butterfly. "What a lovely find, dear. Nature is full of wonders."

Lisa gently released the butterfly and returned to the picnic spot. She began to share her adventure in the park and told her mother about the butterfly that had paid her a visit.

After a wonderful day at the park, it was time to head back home. Lisa and her mother packed up their things and began the walk back home. They were tired but happy, knowing they had shared a fantastic day together.

Once home, Lisa shared her adventures with her father and told him about the beautiful butterfly she had seen. Her father smiled and nodded in approval.

In the evening, as Lisa lay in bed gazing at the stars, she thought about the beautiful day she had had. She felt grateful for her loving parents and the moments they had shared together.

And so ends the story of Lisa's day in the park, a day filled with adventure, laughter, and the beauty of nature. It was a day she would cherish in her heart forever.

Een Verloren Knuffelavontuur

Tim was een klein jongetje met grote blauwe ogen en een ondeugende glimlach. Hij had een favoriete knuffel, een teddybeer genaamd Beertje. Beertje ging overal met Tim mee naartoe, en ze waren de beste vrienden.

Op een zonnige ochtend besloot Tim om met Beertje naar het park te gaan. Ze hadden hun fietsen klaarstaan, en Tim zorgde ervoor dat Beertje veilig in het mandje aan het stuur zat. Samen fietsten ze naar het park, waar kinderen aan het spelen waren op de speeltoestellen.

Tim parkeerde zijn fiets en liet Beertje op de picknicktafel zitten terwijl hij met andere kinderen speelde. Ze speelden verstoppertje en rennen, maar op een gegeven moment vergat Tim dat Beertje nog steeds op de picknicktafel zat.

Toen Tim klaar was met spelen, rende hij terug naar de picknicktafel om Beertje te pakken. Maar tot zijn schrik was Beertje nergens te bekennen. Tim keek onder de tafel, in de bosjes en vroeg zelfs aan andere kinderen of ze Beertje hadden gezien, maar niemand wist waar hij was.

Tim begon te huilen. Hij had Beertje al sinds hij een baby was, en hij kon zich geen dag voorstellen zonder zijn geliefde knuffel. Zijn moeder kwam naar hem toe en probeerde hem te troosten.

"We zullen Beertje vinden, lieverd," zei ze met een zachte glimlach. "Laten we samen zoeken."

Samen begonnen ze het hele park af te speuren, vroegen aan de speelkameraadjes en checkten bij de parkwachter. Maar Beertje was spoorloos. Tim was verdrietig, maar zijn moeder stelde voor om naar huis te gaan en een plan te bedenken om Beertje terug te vinden.

Die avond kon Tim niet goed slapen. Hij maakte zich zorgen om Beertje en wilde niets liever dan hem weer in zijn armen houden. Hij dacht aan alle avonturen die ze samen hadden beleefd: van theekransjes met andere knuffels tot het lezen van boekjes voor het slapengaan.

De volgende ochtend stond Tim vroeg op en ging samen met zijn moeder terug naar het park. Ze hoopten Beertje te vinden nu het rustig was. Tim nam een luidspreker en begon de naam van Beertje te roepen. "Beertje, waar ben je? Het is tijd om naar huis te komen!"

Terwijl Tim riep, hoorde hij een zacht geluid dat leek op het gepiep van Beertje. Hij draaide zich om en zag iets op de grond liggen, onder een bankje. Het was Beertje, een beetje vies en verfomfaaid, maar nog steeds zijn geliefde knuffel.

Tim rende naar Beertje en omhelsde hem stevig. "Beertje, je bent terug! Ik heb je gemist!" zei hij met een brede glimlach.

Zijn moeder glimlachte ook en veegde een traan van geluk weg. Beertje was gevonden, en Tim was weer compleet.

Ze gingen samen naar huis, en Tim beloofde Beertje dat hij nooit meer alleen in het park zou achterlaten. Beertje knikte, en het leek wel alsof hij met zijn knuffelberenogen glimlachte.

Vanaf die dag waardeerde Tim Beertje nog meer. Hij wist dat Beertje meer was dan alleen een knuffel - hij was zijn beste vriend, zijn troost in moeilijke tijden en zijn partner in avonturen. En samen maakten ze nog veel meer mooie herinneringen.

En zo eindigt het verhaal van Tim en zijn verloren en teruggevonden knuffelavontuur, een verhaal over vriendschap, liefde en het belang van de kleine dingen in het leven.

A Lost Teddy Bear Adventure

Tim was a little boy with big blue eyes and a mischievous smile. He had a favorite teddy bear named Teddy. Teddy went everywhere with Tim, and they were the best of friends.

One sunny morning, Tim decided to take Teddy to the park. They had their bikes ready, and Tim made sure Teddy was safely tucked in the basket on the handlebars. Together, they rode to the park, where children were playing on the playground equipment.

Tim parked his bike and placed Teddy on the picnic table while he played with the other kids. They played hide-and-seek and tag, but at one point, Tim forgot that Teddy was still sitting on the picnic table.

When Tim was done playing, he ran back to the picnic table to grab Teddy. But to his shock, Teddy was nowhere to be found. Tim looked under the table, in the bushes, and even asked other children if they had seen Teddy, but no one knew where he was.

Tim began to cry. He had had Teddy since he was a baby, and he couldn't imagine a day without his beloved teddy bear. His mother came over to comfort him.

"We'll find Teddy, sweetie," she said with a gentle smile. "Let's look for him together."

Together, they searched the entire park, asked the playmates, and checked with the park ranger. But Teddy was gone without a trace. Tim was sad, but his mother suggested they go home and come up with a plan to find Teddy.

That night, Tim couldn't sleep well. He worried about Teddy and couldn't imagine a day without his cherished teddy bear. He thought about all the adventures they had shared, from tea parties with other stuffed animals to reading bedtime stories.

The next morning, Tim got up early and returned to the park with his mother. They hoped to find Teddy now that it was quieter. Tim took a megaphone and started calling Teddy's name. "Teddy, where are you? It's time to come home!"

While Tim called, he heard a soft sound resembling Teddy's squeak. He turned around and saw something lying on the ground beneath a bench. It was Teddy, a bit dirty and disheveled, but still his beloved teddy bear.

Tim ran to Teddy and hugged him tightly. "Teddy, you're back! I missed you!" he exclaimed with a wide smile.

His mother also smiled and wiped a tear of happiness away. Teddy had been found, and Tim felt complete once more.

They returned home together, and Tim promised Teddy that he would never leave him alone in the park again. Teddy nodded, and it almost seemed like he was smiling with his teddy bear eyes.

From that day on, Tim cherished Teddy even more. He knew that Teddy was more than just a stuffed animal – he was his best friend, his comfort in tough times, and his partner in adventures. And together, they created many more beautiful memories.

And so ends the story of Tim and his lost and found teddy bear adventure, a tale of friendship, love, and the importance of the little things in life.

De Avonturen van Flora de Ontdekker

Flora was een meisje met een onstilbare nieuwsgierigheid. Haar ogen straalden van opwinding, en haar haren krulden als een wirwar van geheimen. Ze leefde in een oude, knusse cottage aan de rand van het bos, waar de bomen fluisterden en de wind verhalen vertelde.

Elke ochtend werd Flora wakker met een glimlach, klaar voor haar volgende ontdekkingsreis. Ze had een rugzak die altijd klaar stond, gevuld met notitieboekjes, kleurpotloden en een kompas. Flora's grootste passie was om de wonderen van de natuur te verkennen en de geheimen van het bos te ontrafelen.

Op een heldere zomerdag besloot Flora om een reis dieper het bos in te maken. Ze volgde een smal, kronkelig pad dat leidde naar een gebied dat ze nog nooit had verkend. Het bos werd dichter en dichter, en de bomen begroetten haar met hun ruisende bladeren.

Terwijl Flora dieper het bos inliep, ontdekte ze een glinsterend beekje dat kalm kabbelde tussen de stenen. Ze hurkte neer en liet haar vingers in het koele water glijden. Het water stroomde als een geheimzinnige rivier, fluisterend over oude legendes en verborgen schatten.

Plotseling hoorde Flora een zacht getjilp in de buurt. Ze volgde het geluid en ontdekte een groepje kleurrijke vogels in de bomen.

Ze haalde haar notitieboekje tevoorschijn en begon de vogels te tekenen terwijl ze zachtjes met hen praatte. Ze vroeg of ze iets over het bos wilden vertellen, en de vogels leken te fluisteren in hun melodieën.

Na een tijdje merkte Flora een pad op dat naar beneden leidde naar een weelderige vallei. De bomen openden zich als gordijnen die een podium onthulden waarop bloemen in alle kleuren dansten. Het was een magische plek, en Flora wist dat er nog meer geheimen waren om te ontdekken.

In de vallei ontmoette ze een oude, wijze uil die op een tak zat. De uil knikte naar Flora en begon te praten in raadselachtige woorden. "Jonge ontdekker, wees welkom in dit betoverde land. Het bos verbergt vele mysteries en schatten. Ga verder, en je zult de bron van alle kennis vinden."

Flora was gefascineerd en bedankte de uil voor haar wijze woorden. Ze volgde het pad verder, op weg naar de bron van alle kennis. Onderweg kwam ze langs een beekje dat glinsterde als vloeibaar goud en een veld vol kleurrijke vlinders die als levende regenbogen dansten.

Uiteindelijk bereikte Flora een prachtige open plek in het bos. In het midden van de open plek stond een oude, majestueuze boom met wortels diep in de aarde verankerd. Flora voelde dat dit de bron van alle kennis moest zijn.

Ze ging zitten aan de voet van de boom en sloot haar ogen. Ze ademde diep in en uit en voelde de verbondenheid met de natuur om haar heen. Ze luisterde naar de wind, de vogels en het ruisen van de bladeren.

Plotseling voelde ze een warmte in haar hart en een diepe wijsheid die in haar opwelde. Het was alsof de geheimen van het bos zich aan haar openbaarden. Ze begreep de taal van de bomen en de fluisteringen van de beek. Ze voelde de eeuwenoude kennis diep in haar ziel.

Flora opende haar ogen en wist dat ze de bron van alle kennis had gevonden. Ze pakte haar notitieboekje en begon te schrijven, de geheimen van het bos vastleggend, zodat ze met anderen kon delen.

Terwijl ze het bos verliet en terugkeerde naar haar cottage, voelde Flora zich vervuld van vreugde en verwondering. Ze wist dat haar ontdekkingsreis nog lang niet voorbij was en dat de natuur altijd meer geheimen had om te onthullen.

En zo eindigt het verhaal van Flora de Ontdekker, een meisje dat de schoonheid en wijsheid van de natuur omarmde en die haar hart en ziel vulde met de wonderen van het bos.

The Adventures of Flora the Explorer

Flora was a girl with an insatiable curiosity. Her eyes sparkled with excitement, and her hair curled like a tangle of secrets. She lived in an old, cozy cottage on the edge of the forest, where the trees whispered, and the wind told stories.

Every morning, Flora woke up with a smile, ready for her next adventure. She had a backpack that was always prepared, filled with notebooks, colored pencils, and a compass. Flora's greatest passion was to explore the wonders of nature and unravel the secrets of the forest.

On a clear summer day, Flora decided to venture deeper into the forest. She followed a narrow, winding path that led to an area she had never explored before. The forest became denser, and the trees greeted her with their rustling leaves.

As Flora ventured deeper into the forest, she discovered a glistening brook that gently murmured among the stones. She crouched down and let her fingers slide into the cool water. The water flowed like a mysterious river, whispering ancient legends and hidden treasures.

Suddenly, Flora heard a soft chirping nearby. She followed the sound and discovered a group of colorful birds in the trees. She took out her notebook and started to draw the birds while gently talking to them. She asked if they could tell her something about the forest, and the birds seemed to whisper in their melodies.

After a while, Flora noticed a path that led down to a lush valley. The trees opened up like curtains, revealing a stage where flowers of all colors danced. It was a magical place, and Flora knew there were more secrets to discover.

In the valley, she met an old, wise owl perched on a branch. The owl nodded to Flora and began speaking in mysterious words. "Young explorer, be welcome in this enchanted land. The forest hides many mysteries and treasures. Go on, and you will find the source of all knowledge."

Flora was fascinated and thanked the owl for its wise words. She continued down the path, heading toward the source of all knowledge. Along the way, she passed a brook that glistened like liquid gold and a field of colorful butterflies that danced like living rainbows.

Finally, Flora reached a beautiful clearing in the forest. In the center of the clearing stood an ancient, majestic tree with roots anchored deep in the earth. Flora felt that this must be the source of all knowledge.

She sat down at the foot of the tree and closed her eyes. She took deep breaths, feeling a connection with the nature around her. She listened to the wind, the birds, and the rustling of the leaves.

Suddenly, she felt warmth in her heart and a deep wisdom welling up within her. It was as if the secrets of the forest were revealing themselves to her. She understood the language of the trees and the whispers of the brook. She felt the ancient knowledge deep in her soul.

Flora opened her eyes and knew that she had found the source of all knowledge. She took out her notebook and began to write, capturing the secrets of the forest so she could share them with others. 47

As she left the forest and returned to her cottage, Flora felt filled with joy and wonder. She knew her explorations were far from over, and that nature always had more secrets to unveil.

And so ends the story of Flora the Explorer, a girl who embraced the beauty and wisdom of nature, filling her heart and soul with the wonders of the forest.

De Magische Bloem

In een klein dorpje aan de rand van het bos woonde een meisje genaamd Emma. Emma was een nieuwsgierig meisje met gouden vlechten en fonkelende ogen. Ze hield van avonturen en de natuur om haar heen.

Op een warme zomerdag besloot Emma om een wandeling te maken in het bos. Ze volgde een slingerend pad en luisterde naar het gezang van de vogels. Het was een betoverende dag vol bloemen in alle kleuren van de regenboog.

Terwijl Emma dieper het bos in liep, ontdekte ze een open plek. In het midden van de open plek stond een bloem die ze nog nooit had gezien. De bloem was zo groot als haar hand en had prachtige paarse en roze bloemblaadjes die schitterden in de zon.

Emma knielde neer bij de bloem en ademde de zoete geur in. Ze voelde dat er iets bijzonders was aan deze bloem. Voorzichtig plukte ze de bloem en stopte die in haar mand.

Terwijl Emma verder wandelde, merkte ze dat er iets vreemds gebeurde. De bomen om haar heen leken hoger te worden en de vogels zongen luider. Ze realiseerde zich dat de bloem magisch moest zijn.

Toen Emma terugkwam in het dorp, begon ze te experimenteren met de bloem. Ze ontdekte dat als ze de bloem aanraakte, ze in staat was om met de dieren te praten. Ze kon met de eekhoorns over noten praten en met de vlinders over hun reizen.

Op een dag hoorde Emma dat het bos in gevaar was. Er was een gemene tovenaar die van plan was om het bos te vernietigen en alle dieren weg te jagen. Emma wist dat ze iets moest doen om het bos en haar vrienden te redden.

Ze besloot op zoek te gaan naar de gemene tovenaar en hem te stoppen. Met de magische bloem in haar hand begon ze aan haar reis. Ze praatte met de dieren in het bos en vroeg om hun hulp.

Samen met een groep dieren trok Emma dieper het bos in. Ze stuitte uiteindelijk op de donkere grot van de gemene tovenaar. De tovenaar stond op het punt om een spreuk uit te spreken om het bos te vernietigen.

Maar op dat moment gebruikte Emma de magische bloem. Ze sprak met de dieren en vroeg om hun hulp om de tovenaar te stoppen. De dieren werkten samen en gebruikten hun speciale krachten om de tovenaar te verslaan.

De gemene tovenaar was verslagen en beloofde het bos nooit meer kwaad te doen. Emma had het bos en al haar vrienden gered.

Toen ze terugkeerde naar het dorp, werd ze begroet als een heldin. Iedereen wist dat Emma de kracht had om goed te doen en de natuur te beschermen. En vanaf die dag werd het bos een veilige en magische plek, waar iedereen van kon genieten.

En zo eindigt het verhaal van Emma en de magische bloem, een verhaal over moed, vriendschap en de kracht van de natuur.

The Magical Flower

In a small village on the edge of the forest lived a girl named Emma. Emma was a curious girl with golden braids and sparkling eyes. She loved adventures and the nature that surrounded her.

On a warm summer day, Emma decided to take a walk in the forest. She followed a winding path and listened to the birds' songs. It was an enchanting day full of flowers in every color of the rainbow.

As Emma ventured deeper into the forest, she discovered a clearing. In the middle of the clearing stood a flower she had never seen before. The flower was as large as her hand and had beautiful purple and pink petals that glistened in the sun.

Emma knelt down beside the flower and breathed in its sweet scent. She felt that there was something special about this flower. Carefully, she picked the flower and placed it in her basket.

As Emma continued her walk, she noticed something strange happening. The trees around her seemed to grow taller, and the birds sang louder. She realized that the flower must be magical.

When Emma returned to the village, she began to experiment with the flower. She discovered that when she touched the flower, she was able to communicate with the animals. She could talk to the squirrels about nuts and chat with the butterflies about their travels.

One day, Emma heard that the forest was in danger. There was an evil wizard who planned to destroy the forest and drive away all the animals. Emma knew that she had to do something to save the forest and her friends.

She decided to go in search of the evil wizard and stop him. With the magical flower in her hand, she embarked on her journey. She talked to the animals in the forest and asked for their help.

Together with a group of animals, Emma ventured deeper into the forest. She eventually came across the dark cave of the evil wizard. The wizard was about to cast a spell to destroy the forest.

But at that moment, Emma used the magical flower. She spoke to the animals and asked for their help to stop the wizard. The animals worked together and used their special powers to defeat the wizard.

The evil wizard was defeated and promised never to harm the forest again. Emma had saved the forest and all her friends.

When she returned to the village, she was greeted as a heroine. Everyone knew that Emma had the power to do good and protect nature. And from that day on, the forest became a safe and magical place that everyone could enjoy.

And so ends the story of Emma and the magical flower, a tale of courage, friendship, and the power of nature.

De Dappere Kleine Muis

In een schilderachtig boerderijtje aan de rand van een groot veld woonde een kleine muis genaamd Mira. Mira was anders dan de andere muizen in het veld; ze was altijd nieuwsgierig en verlangde naar avontuur.

Op een zonnige ochtend besloot Mira om het veld over te steken en het bos aan de andere kant te verkennen. Haar vrienden hadden haar gewaarschuwd dat het bos vol gevaarlijke dieren was, maar Mira was vastbesloten om haar angsten te overwinnen.

Met een kleine rugzak op haar rug en een vastberaden blik ging Mira op pad. Het veld was een zee van goudgele graanhalmen, en de zon scheen fel aan de hemel. Ze rende door de golven van graan en bereikte al snel de rand van het bos.

Toen Mira het bos binnenging, hoorde ze het geritsel van bladeren en het gefluit van vogels. Ze voelde zich een beetje zenuwachtig, maar haar nieuwsgierigheid overwon haar angst. Ze begon het bos te verkennen en ontdekte een wereld vol verbazingwekkende dingen.

Ze zag felgekleurde bloemen, vrolijke vlinders en glinsterende paddenstoelen. Ze plukte een bosje wilde bloemen en legde ze in haar rugzak. Ze had nog nooit zulke mooie bloemen gezien.

Terwijl Mira dieper het bos inliep, hoorde ze plotseling een zacht gepiep. Ze volgde het geluid en ontdekte een jonge vogel die vastzat in een net. Het vogeltje fladderde wild met zijn vleugels en piepte om hulp.

Mira twijfelde geen moment. Ze haalde haar scherpe tanden tevoorschijn en begon het net voorzichtig door te knagen. Het kostte haar even, maar uiteindelijk was het net kapot, en het vogeltje kon vrij vliegen.

Het vogeltje zong vrolijk een liedje om Mira te bedanken en vloog weg. Mira voelde zich trots en blij dat ze het vogeltje had kunnen redden.

Na een tijdje kwam Mira bij een kabbelend beekje. Ze hurkte neer om te drinken en zag haar spiegelbeeld in het heldere water. Ze glimlachte naar zichzelf en voelde zich sterk en dapper.

Plotseling hoorde ze een geluid achter zich. Ze draaide zich om en stond oog in oog met een grote, vriendelijke beer. De beer glimlachte naar Mira en vroeg waar ze naartoe ging.

Mira vertelde de beer over haar avontuur in het bos en hoe ze het vogeltje had gered. De beer was onder de indruk en bood aan om haar veilig naar huis te brengen.

Samen liepen ze terug naar het veld, en Mira voelde zich niet langer bang. Ze had ontdekt dat ze dapper en behulpzaam kon zijn, zelfs in het gezelschap van grote dieren.

Toen ze haar boerderijtje bereikten, nam Mira afscheid van de beer en bedankte hem voor zijn hulp. Ze wist dat ze altijd welkom was in het bos en dat ze niet bang hoefde te zijn voor nieuwe avonturen.

En zo eindigt het verhaal van de dappere kleine muis, Mira, een muis die haar angsten overwon en ontdekte dat ze sterker was dan ze ooit had gedacht.

55

The Brave Little Mouse

In a picturesque cottage on the edge of a vast field lived a small mouse named Mira. Mira was different from the other mice in the field; she was always curious and yearned for adventure.

One sunny morning, Mira decided to cross the field and explore the forest on the other side. Her friends had warned her that the forest was full of dangerous animals, but Mira was determined to conquer her fears.

With a small backpack on her back and a determined look, Mira set out on her journey. The field was a sea of golden grain stalks, and the sun shone brightly in the sky. She ran through the waves of grain and soon reached the edge of the forest.

As Mira entered the forest, she heard the rustling of leaves and the chirping of birds. She felt a bit nervous, but her curiosity overcame her fear. She began to explore the forest and discovered a world full of amazing things.

She saw brightly colored flowers, cheerful butterflies, and glittering mushrooms. She picked a bunch of wildflowers and placed them in her backpack. She had never seen such beautiful flowers before.

As Mira ventured deeper into the forest, she suddenly heard a soft squeak. She followed the sound and discovered a young bird trapped in a net. The little bird flapped its wings frantically and chirped for help.

Mira didn't hesitate. She bared her sharp teeth and began to gnaw at the net carefully. It took her a while, but eventually, the net was torn, and the bird was free to fly.

The bird sang a joyful song to thank Mira and flew away. Mira felt proud and happy that she had been able to rescue the bird.

After a while, Mira came to a babbling brook. She crouched down to drink and saw her reflection in the clear water. She smiled at herself and felt strong and brave.

Suddenly, she heard a noise behind her. She turned around and found herself face to face with a big, friendly bear. The bear smiled at Mira and asked where she was heading.

Mira told the bear about her adventure in the forest and how she had saved the little bird. The bear was impressed and offered to safely escort her back home.

Together, they walked back to the field, and Mira no longer felt afraid. She had discovered that she could be brave and helpful, even in the company of large animals.

When they reached her cottage, Mira said goodbye to the bear and thanked him for his help. She knew that she was always welcome in the forest and that she didn't need to be afraid of new adventures.

And so ends the story of the brave little mouse, Mira, a mouse who overcame her fears and discovered that she was stronger than she had ever imagined.

www.ingramcontent.com/pod-product-compliance
Lightning Source LLC
Chambersburg PA
CBHW050615160726
48003CB00003B/1198